윤명호 제 3 시집

흔들리는 의자

책펴냄열린시

본 도서는 2025년 양산시 지역문화진흥기금사업
으로 지원을 받았습니다.

가슴에 내리는 시 161

흔들리는 의자

지은이 윤명호
펴낸이 최명자

펴낸곳 책펴냄열린시
주소 (48932)부산광역시 중구 동광길 11, 203호
전화 010-4212-3648
출판등록번호 제1999-000002호
출판등록일 1991년 2월 4일

인쇄일 2025년 10월 28일
발행일 2025년 10월 30일

ⓒ윤명호, 2025. Busan Korea
값 12,000원

ISBN 979-11-94939-06-1 03810

파도는 쉼 없이 밀려오지만
같은 파도가 아니다

들녘 저녁 해가 수없이 지지만
같은 노을은 없다

모였다 흩어지는 구름
나에게도 숱한 인연이 스쳐지나갔다

나를 움직이는 바람 때문에
심장이 뛰는 한
또 다른 인연을 기다린다

2025년 가을
윤 명 호

제 1 부

제 *2* 부

제 *3* 부

제 *1* 부

아미산 전망대

발아래 모래섬이 걸어온다
낙동강 머리가 잠기는 하구언
강물이 토해 낸 섬이다
얼마나 힘들었을까 멀리까지 온다고
목마른 강물이 유언도 없이
짠 물에 스며든다
강이 만든 섬에서 말 타는 남자
금빛바다 위를 달린다
남자는 강물 끝까지 달려가 보았을까
수평선을 선명하게 긋는 낙조에
붉게 물든 철새들
강과 바다의 경계가 없다
일과를 끝내고 저무는 일몰이
일출보다 더 붉은 건
걸어온 길에 굴곡이 많아서다
마지막 끈을 놓지 못하는 가슴 때문이다
노을 깊어갈수록 밝아지는
카페 불빛이 달려가는 소실점에
다대포가 잠들어 있다

일광 파도

숨 끊어질 때까지 다가서는 파도
바닷가 모래밭에 고랑을 만든다
작은 파도 몇 개 지나고 난 뒤
큰 파도 몰려온다
중학교 수학여행 때 처음 본 바다
여섯 살 손자와 파도놀이를 한다
물 나갈 때 따라들어 가고
파도가 오면 발빠지기 전에 피한다
경계를 뛰어나오기 몇 번
큰 파도에 발목 잡혀 신발을 벗어 든다
쉼 없이 내 앞에 부서지지만
같은 파도는 없다
학리항 등대에서 파도를 본다
파도가 바람을 만들고 있나
먼 수평선은 고요한데
파도치는 방파제에 바람이 분다
언제나 그랬듯
나의 심장은 바람이었다
수많은 파도를 바람으로 넘었다

바람 불어
손자와 함께 파도 밖을 뛴다

무임승차

파리도 내 차 승객이다
승차 거부해도 내리지 않는다
유리창 틈새에 보호막을 치고
창녕파리는 부산까지 무임승차다
창을 내려 날아갈 길을 터
하차를 권유하니 떠난다

비 오는 날
수안보 초등학교 갓 입학한 나
누나가 집에 데려가는데
십리 신작로를 걸어가기엔 비가 너무 많이 온다
차비가 없던 누나
정류장에 정차하는 버스 마다
태워달라고 발 동동거리며 애교를 떤다
몇 대를 떠나보내고 드디어 허락을 받았다
누나 뒤에 재빠르게 올라타던 내가

파리 무임승차를 용서 한다

겨울 숲

산모퉁이 돌아가는 바람소리 차다
맨발로 걷는 사람 붐비던
황토길 따라 낙엽이 구른다
한 철 농사지어 흙에 묻고 떠난
빈집이 야위다
잎 내려놓은 나뭇가지 사이로 보이는
쪽물 빛 하늘
잎이 더 푸르게 날카로운 소나무
비움과 채움이 함께 있다
비울수록 돋보이는 소나무는
언제나 그 자리에 서 있을 뿐인데
내 짐을 내려놓으면 무엇이 보일까
부끄러운 속내를 드러낸
텅 빈 겨울나무 사이로
내가 끌고 온 보름달이 뜬다

원숭이 섬

파타야 요트를 탄다
섬이 가까워지자 원숭이 수 십 마리가 모였다
망고를 던져주고
받아먹는 풍경이 익숙한 섬에서
낯선 이방인을 기다린다
오징어 미끼로 줄낚시를 한다
손바닥만 한 물고기들이 걸리고
당기는 손맛이 팽팽하다
순간이 떠나면 떠날 사람들
내손에 잡힌 물고기는 무슨 인연인가
평생
이 섬에 사는 원숭이는
받아먹는 재주가 밑천이다

길을 찾다

하늘이 갈라졌다
브라질 상파울루 종합병원
주인은 죽고 없는데
팔년 째 병상을 지키는 카라멜루*
병원을 떠나지 못한다
유족들이 집으로 데려가지만
돌아가 자리를 지킨다
그에게 전부였던 주인 할머니
홀로 남아
어두운 터널 속에서 길을 잃었다
보다 못해
식구를 자청한 병원식구들
건물밖에 집 만들어 밥 주며
카라멜루를 지킨다
앰블런스 사이렌이 울리면
먼저 나가 짖으며 맞는다
병원 식구가 된 카라멜루
순수한 아픔이 길이 되었다

*카라멜라 : 반려견 이름

흔들리는 의자

숨어있던 어깨 통증이 몰려온다
의자를 들다 왼쪽 어깨가 뜨끔했다
언제나 같이 하던 의자
내 몸을 받아주던 동행이
흔들리던 그가 나를 외면한다
오래 앉아 있으니 허리가 아프다
바닥이 편하다
식당에 들어서면 의자보다
평상 자리가 눈에 먼저 들어온다
나는 의자를 외면한다
함께 흘러온 강물에 지쳤나
의자 때문에
내 어깨가 흔들린다

노래방

큰고니가 합창을 한다
석양 물든 하늘아래 춤추는 갈대
강진만이 질펀하다
남도 맛 기행 1박2일
갈대축제를 덤으로 만났다
무인텔 숙소가 벌판 가운데 있다
택시를 불러 읍내로 간다
저녁에 먹은 한정식이 소화불량이다
알고 있는 노래 바닥날 때까지
목청을 높였다
웅장하던 고니떼 사라지고
겨울갈대가 바람을 맞는다
네온불빛에 걸린 '입 큰 개구리'
노래방이 졸고 있다

광석제

연잎이 말라 미라가 되었다
한겨울 연수원 뒤
광석제* 연잎이 바람에 운다
새벽 수증기 뿜는 우뚝 선 건물
긴 여행 떠나는 크루즈 같다
사계절 홀로 살아야 할 원룸
눈 쌓인 골목길 녹았던
발자국자리가 얼어붙었다
긴장 풀린 조용한 연못
벚꽃 진 밤길 둑을 홀로 걸었다
연잎 덮은 수면 사이로 꽃대가 섰다
제주도에서 백령도
홍도에서 독도로 항해를 했다
도산서원에서 입은 선비 옷이
비 오듯 땀에 젖었다
이서들판 노을이 지는 순간
연수생 해가 소나무에 걸렸다
익숙해진 원룸이 낯설다
광석제 연꽃 씨방이 마르고

크루즈 닻을 내린다
잎 나고 꽃 지고 다시 잎 마른 연못
창밖은 차가운데
비채나룸**에 뜨거운 바람이 분다

앞니를 뺀 이유

나미비아 힘바족 소년 에릭슨은
아랫니 네 개를 뽑는다
말이 새도록 생니를 빼야 하니
얼마나 두려울까
붉은 부족 말을 이으려고
감내할 수 없는 고통을 겪는다
붉은 사막을 달리는 원시부족 인간
양가죽치마로 아랫도리만 가리고
쇠가죽으로 허리를 조인다
목욕대신 진흙을 바르고
나뭇잎을 태운 연기로 향기를 낸다
문명 앞에 꿋꿋하게 이어온
그들이 지켜낸 언어
휘휘
휘파람소리를 내지 않을까

상한 밀감을 먹다

밀감 한 박스를 샀다
뜯어보니 상해가는 색깔이 있다
상한 놈 골라 먼저 먹는다
하루 지나니 또 상한 이웃이 생겨나
또 먹고
상한 놈 골라먹다 보니
한 박스를 다 먹었다

성한 밀감 먼저 골라 먹을 걸

양산꼬리치레도롱뇽

"어떡하지"
"산란 동선이 끊겼네"

신도시 개발로
도롱뇽서직지가 사라진다
동해남부에 서식하는 고리도롱뇽

물웅덩이에 내려와 알을 낳고
습지로 돌아 가야하지만
둥근 순대모양 알집과 함께
콘크리트 수로에 갇혔다
피부로 숨 쉬는 도롱뇽
비단개구리 사는 찬 습지를 찾는다

"어쩔 수 없네"
"대체서식지에서 같이 살 수밖에"

사송에서
새로 발견된 양산꼬리치레도롱뇽

갈색바탕에 노란반점 선명하다
자연에서 하나뿐인 내가 사는 동네
청정 전원이다

나비 포옹

황학산 수목원, 산책길이 시끄럽다
싸온 떡이 오십년 전 점심을 소환한다
돌담 사이 금낭화가 이야기를 듣는다
손자를 보거나 홀로 남은 동창이 있고 작년에 두 명
이 갔다
청주, 서울, 부산에 떨어져 자리를 잡았다
추수 끝난 밭에서 콩알 주워 팔고
보리 익을 무렵 뽕나무 오디를 따 용돈 썼던 맨손들
밥줄 따라 흩어진 흔적이 주름살로 남았다
입석열차 타고 친구 하숙집을 찾았던 부산에서
오십년 강물이 절로 흘렀다
여주 신륵사 삼층석탑은 남한강을 내려다본다
탑에 기대어 사진 찍으며
어릴 적 모습으로 돌아간 웃음
여기까지 힘들게 왔다며 토닥토닥
내가 나를 포옹한다

참숯 가마

숨 막히는 열기 속이다
숯 꺼낸 원형 흙 가마
외등아래 웅크린 찜질복 입은 사람들
무슨 생각 하는지 말없이 눈 감고 있다

금방 꺼낸 숯가마 앞
황금색 불꽃 빨려 들어가며 은빛이 난다
웃통 벗고 나란히 앉은 남녀들
왜 저리 오래 불볕을 쬐는가
죽기 싫어 땀으로 버티는
화장터 가마 앞이다

나막신 어지럽게 널린 음이온 방
빈틈없지만 비집고 들어가니 자리가 생긴다

추울수록 뜨거운 보배산 참숯 가마
이승에서 만난 염라대왕이다
지난 길 돌아보며
눈감고 외등아래 앉았다

울음소리 깊은 밤

개구리 울음소리 멀리에 들린다
갓 모내기한 완주들녘
어디서 몰려왔는지 밤새 합창을 한다
이서면 연수원* 앞 원룸마을
불 꺼진 방에서 홀로 울음을 듣는다
어릴 때부터 들었던 하모니
낯선 밤에도 달콤하다
마을에 은은히 젖어드는 밤꽃향기
원룸 창을 넘어온다
개구리 우는 소리와 밤꽃향기가 섞여
잠 못 이뤄 깊어지는
늦은 봄밤이다

*연수원 : 행정안전부 산하 지방자치개발원

무화과

봄에 꽃이 사라졌다
의대생을 둔 부모
휴학하고 노는 아들을 볼 때마다 속이 불꽃이다
겨울 지나 봄은 왔는데
꽃이 오지 않는다
유급에 제적까지 한다 하니
화목했던 날은 달아나고 그늘만 남는다
언젠가는 슬기로운 전공의가 꿈이지만
톱니바퀴가 어긋난 의료대란
가운을 벗어 던진 채 헛바퀴만 돈다
대책 없는 정부와 의료단체 양보 없는 줄다리기에
봄을 잃어버린 의대생

꽃 피지 않아도
열매를 딸 수 있을까

눈물고추

텐트를 도둑 맞았다
계룡산 캠핑을 갔던 고교시절
빌린 장비를 짊어지고 갔다가
빈손으로 돌아와 잃어버린 값을 정리하니
할당액이 삼십 만원
도시에서 하숙을 했던 나는 집으로 갔지만
차마 말이 나오지 않았다
창고에 발을 치고 고추를 널어
연탄을 피워 말리고 있는 아버지
연탄가스와 매운 냄새가 숨을 참아도
눈물이 난다
농협에 다닌 형의 월급으로 냈던 등록금에
몇 배나 큰돈을 농촌에서 만들려니
고추밖에 없다
주말마다 건조실에 들어가 눈물을 흘렸다
억장이 무너진 아버지
말없이 연탄불에 눈물만 쏟았다
부산으로 첫 발령을 받았을 때도
손에 쥐어주셨던 삼십 만원

강물이 흘러도
눈물 젖은 고추 값을
무엇으로도 환산할 수 없다

우포늪 노을

우포늪에 간다
하늘 따라 호수가 물드는데
마른갈대 사이로 보이는 청둥오리떼
떠날 채비가 없다
호숫가에서 일출을 맞고
하늘을 날더니
물위에 뜬 노을에 스며들었다

연탄불 때는 단칸방부터
셋방을 옮겨 다니며 살았다
기름보일러 현대식 부엌에
사는 게 꿈이었다
열여덟에 부산 온 동창 친구들
환갑 지난 뿌리가 깊다
흙이 불러서 일까
하나같이
농장을 가꾸며 풀빛을 만진다

어둠은 밀려오는데

돌아갈 오리떼 앉은 물가에
입술이 번진다
구름 낀 하늘이 더 붉다

쫓겨난 언어

새벽 일터에 온 아브로니(32세)와 일행
여덟 시부터 마늘 선별작업을 한다
얼굴을 감쌌지만 온 몸에 흙먼지를 뒤집어쓴다
새참 때 한명이 국수를 못 먹어
빵 먹을 때까지는 서로 웃음을 나눈다
여인들 일손이 떨어지지 않게
선별기에 마늘을 채워야 하지만 손이 맞지 않는다
주인이 작업 방법을 알려줘도
자기들 방식대로 고집을 세우고
화가 난 농장주
일 그만하고 집에 가라며 고함을 친다
뭐라고 대꾸해 보지만 언어는 막혀버리고
결국 일손이 떨어진다
봉고차를 타고 와 막상 가려니 차도 없다
먼지를 털며 마을길 나가는 뒷모습
일당도 없이 버스를 타고 집에 가야한다
이국에서 설음 겪는 아브로니
몸은 한국에 왔지만
쫓겨난 언어가 국경을 흔든다

검은 꽃

나무가 비닐 모자를 썼다
가을걷이 끝난 들판
비닐이 날아와 가지 끝에 매달렸다
겨우내 찬바람 맞으며
잔가지를 동여매더니
꽃이 되었다
가지 끝에 엉켜 아무리 몸부림쳐도
벗겨지지 않는다
모자는 누가 벗길까
바람일까 햇볕일까
검은 꽃을 피운 나무
말없이 기지개를 켠다
언젠가 지워지겠지
새 비닐 덮여진 들녘
나무는 초록으로 변한다
이팝나무가 쌀밥을 뒤집어쓰고
검은 꽃을 버린다

장미축제

꽃들이 몸살 앓는 축제
장미원은 사람사이 꽃이 없다
향기 속에 가시를 숨기고
낮은 울타리 경계를 무너뜨린다
하얀 망사치마 입은 여인을
붉은 꽃이 붙잡는다
치마를 걷어 수줍게 돌아서는 여인
바람 불어 다시 걸린다
입술 내민 꽃송이
지는 꽃의 마지막 시샘일까
그녀 얼굴이 더 붉다

제 *2* 부

역류

온천천 징검다리 두 개가 물에 잠긴다
잔잔하던 온천천
거센 역류가 징검다리를 삼키며
숭어떼를 쫓는다
밀물이 순식간에 돌다리를 점령할 때
물살을 거스르던 숭어떼
흙탕물에 섞여 흩어진다
물길을 거슬러 내려갔을까
춤추는 숭어는
물살에 맞서 거슬러 가는데
쓰레기더미 물결 따라 출렁인다
썰물이 시작되고
평온을 되찾은 징검다리에
물 찬 수위 표시만 남는다 가끔
역류를 거슬렀던 지난 날이
내 가슴에 수위 표시로 남았지만
숭어처럼 물살을 가르고 나와
급류에 휘말리지 않았다
건널까 말까 두드려보던 돌다리

가시를 빼다

잉어찜을 먹다 가시가 걸렸다
살점을 씹어 삼켰는데
잔가시가 다릿발을 맬 줄이야
넘길 수도 뱉을 수도 없다
잉어가 물었던 낚시를 물었다
땀 흘리며 꺽꺽대는데
참기름 종지를 가져오는 식당안주인
흔히 있는 일처럼 그냥 들이 마시란다
김치 한 조각 넘기면 쑥 내려간다고
가시가 박히기 전으로 되돌릴 수만 있다면
무슨 짓이라도 하겠다
찜을 기다리며 침샘을 자극하던
그 시작이 좋았다
강물이 흘러간 칠년 후
호포 매운탕 집을 지나는데
아직 가시 걸린 목이 아프다
호포잉어찜은 참기름 맛이다

수민동 건널목

경보 울리며 차단기가 내려온다
수민동 건널목을 사이에 두고
형과 내가 갈려 마주 본다
지네 두 마리가 끈에 묶여 꼼지락거리는
꿈을 꿨던 어머니 태몽처럼
셋방에서 둘이 자취할 때 돌아가셨다
이십 리 산길 넘어 수안보중학교 다닌 형
도시로 나와 젖은 바닥에서 살았다
밤새 울리는 동해남부선 기차소리가
익숙하던 시절
동래패총 앞 셋방이 형의 신혼집이다
아침밥상 차려놓고 나를 기다리던 형수
싸락눈 밟으며 가는 데 딸랑 딸랑 건널목 경보음
새벽공기가 푸르게 가로 막는다
형과 같이 여물 썰다 다친 손의 흉터는
흐려져만 가는데
지난날 기억은 더 살아온다
기차 지나가는 잠깐이 길다
건널목 건너편에 형이 기다린다

어머니 장독대를 그리다

몽돌 깔아 소리 나는 장독대
수돗가에 붙어있다
시골집을 구할 때
먼저 장독대를 살폈다
햇볕 들고 바람 잘 통하는 자리
부엌문을 열고 나가면
어머니 장독대가 있었다
담장에 붙어 있는 엄나무 옆에
감나무와 살구나무 사이로
살가운 바람과 햇살이 든다
장독대 옆에 김장독을 묻어
얼음김치 꺼내는 발길을 줄였다
한때 수석을 수집하던 내가
남모르게 몽돌을 모았다
포도나무 밑에 심은 호박넝쿨이
장독대로 넘어온다
몽돌 깔린 장독대가
파도소리 멈춘 어머니 바다다

괴산휴게소

우령감자 한 박스를 보낸 누나
전화를 해도 받지 않는다
휴게소 식당일에 늘 바쁘다
대학찰옥수수 기르고 절임배추작업으로
까만 얼굴이었는데
휴게소 일을 하고부터 피부가 하얗다
마을 뒤로 고속도로가 뚫리며
외삼촌 논에 휴게소가 생겼다
구백년 된 느티나무 세 그루는 그대로인데
폐광된 광산이 흔적만 남았다
며칠 후에 걸려온 누나전화
휴게소 그만두고 실업급여 받는다고
중국인이 휴게소를 인수해 해고 되었다고
통화 속에서
까만 누나 얼굴이 보인다
나이도 있는데 이제 좀 쉬라고 말을 하면서
우령 안부를 듣는다
구백 살 느티나무는 잘 있다고

버려진 감나무

단감밭이 넝쿨로 뒤덮였다
퇴직 후 감나무를 심었던 장인
시골집 장만하고 과수원을 일구었다
해충이 올라가지 못하게
겨울에 밑둥 껍질을 긁어 놓고
봄부터 약을 쳤다
나무사이 물 호스를 당기며
땀을 뿌렸다
한약 찌꺼기 거름으로 당도를 높였다
강물이 흐르고
돌봐 줄 장인이 없어
나무들이 버려졌다
요양병원을 들락거리더니
짚으로 계란꾸러미도 만들어오는
노인 유치원을 통학하는 게 일과다
넝쿨에 갇힌 감나무
해묵을수록 어깨가 무거워져
어두운 그늘에 묻히고 있다

안마사 여인

전통 마사지를 하는 여인
처음 만나 몸을 맡긴다
손동작으로 대화를 하고
그녀는 신음소리로 내 몸을 안다
평소에 몰랐던 몸이 부끄럽다
무좀 발을 떡 주무르듯 하더니
등 뒤에 올라타 온몸으로 안마를 한다
왜 몰랐을까
나를 지탱해준 상처투성이 몸
아직까지 견딜 수 있어 고맙다
파타야에서
모르는 그녀가 나를 깨운다

살구나무가 아프다

살구나무는 말하지 않아도 안다

열매가 누렇게 익어가는 유월
문턱에 나와 앉아
나를 기다리던 외할머니 눈빛이 누렇다

광주리 들다 중풍으로 쓰러져
반신불수가 되어 말 못하고 방에 갇혔다

새 외할머니를 들여 옆방에 살던 외할아버지
귀는 밝아 깊은 밤 작은 소리도 크게 듣는 외할머니
술주정뱅이 새 외할머니는
안방을 차지해 술만 먹으면 외할머니를 구박한다

같은 마을 외할머니 집 뒤뜰 살구나무는 아이들 놀
이터
새 외할머니 술주정에 화가 난 외할아버지
지게작대기를 던져 맞을 뻔 했던 나를 보는
외할머니 눈이 젖어 있다

서러운 세상 떠난 자리
깔고 앉았던 고무장판 밑에 숨겨둔 지폐가 나온다

살구 빛은 여전히 익어 가는데
잊히지 않는 외할머니 그 살구빛 눈동자

하얀 철쭉

교황 프란치스코님이 영면에 들었다
공원에 핀 하얀 철쭉
마지막 고별을 하는지 미사보를 썼다
한반도를 밟았을 때 땅에 입맞춤 하고
소형차와 ktx로 이동했던 낮은 걸음이 남았다
돌아갈 때까지 세월호노란 리본을 달고
유가족 아픔을 끌어안았다
전쟁난민촌에서 평화를 기원하던
하얀 몸짓 잊지 못해
바라던 꿈 이루어지길 기도하는
남겨진 사람들
성 베드로 광장에 모여 눈물 훔칠 때
하얀 철쭉은
화원을 더 붉게 밝힌다

냉이꽃

봄 오는 통도사
장경각 가는 길 발밑이 하얗다
해마다 피지만 보이지 않는 천사
보리 고개 넘는 가난한 꽃
살아남을 길은 흙냄새 곁이라
흙이 얼면 뿌리가 같이 얼고
같이 녹으며 숨소리를 맞췄다
뽑히고 밟힌 상처투성이
얼마나 많은 구름이 흘러갔을까
얼마나 많은 뇌우가 지나갔을까
가진 것 다 내주고 가슴 열어 봄을 알린다
하늘을 가진 냉이꽃이
금낭화보다 더 크다

입이 돌아가다

떠먹은 국물이 입에서 샌다 아내가
"입이 삐뚤어 졌어"
저녁에 찾아간 병원
입원을 하고 검사를 한다
서초동 고시원생활 3개월
승진시험 공부를 마치고 내려와
학교운동장 새벽바람을 맞았다
사십 중반에 병원에 누워 있으니
세상이 거꾸로 보인다
병원 찾아오던 어린아이들이
역방향 버스를 타 연락이 두절되었다
입만 돌아오면 뭐든지 할 것 같다
입원 열흘. 입은 그대로인데 퇴원하란다
진행이 멈춰 언젠가 돌아온다고
퇴원 후 매일 새벽 뒷산에 올랐다
운동으로 입을 되돌린다고
하루 일과 중 산책시간이
제일 기다려지던 때다
입 돌아간 그늘이 길었다

간드레

우령 탄광*에 다닌 마흔둘 아버지
덤프트럭 타고 비탈길 올라
저녁도시락을 배달한다
동굴 속 가스냄새 구수하다
산속에 땅거미가 내려오고
카바이트 돌덩이를 깬다
검은 옷에 화약 냄새가 밴다
갱에 들어가면 간드레로
담뱃불을 붙인다
밥맛이 없을 때
맹물에 찬밥을 말아먹던 아버지
진학을 포기한 나를
야단치는 눈이 무서웠다
철도레일 따라 들어간 막장
암흑 속에 깜빡이는 간드레 불빛
아버지다

*우령 탄광 ; 충북 괴산군 장연면 오가리 마을 탄광

오월 보리밥

밥알 보이지 않게 고추장 넣고 비볐다
살구나무 그늘에서 연년생 여동생과
뻘건 꽁보리밥을 함께 먹는다
나뭇잎 사이로 잘 익은 살구가
오누이 훔쳐보고 있다
고추장만 넣었는데 꿀맛이다
때 꺼리 없던 오월, 어머니는
수제비를 자주 만들었다
많은 식구 먹일 양을
국물로 부풀릴 수 있기 때문이다
눈치 없는 나는 세 그릇을 비운다
오디를 따 먹느라 새카매진 입술로
뽕나무 아래 보리밭을 쑥대밭으로 만든다
물푸레나무로 만든 도리깨로 보리타작을 한다
목덜미에 들어간 보리까끄라기가
등짝에 기어 다녔다
보리밥에 한줌 쌀이 섞이는 날은
간장종지에 해가 뜬다
이제 별식이 된 보리밥

살구는 누렇게 익어 엿보는데
뽕나무도 가고 보리밭도 사라졌다
여동생 혼자 꽁보리밥을
노을에 비비고 있다

아버지 핸드폰

월요일 심장내과 예약한 아버지
휴일 밤에 돌아가셨다
부재중 통화기록이 남았다
마지막 통화를 못한 고통이
얼마나 길었을까
맏아들과 몇 번 실패하고
수신 못한 번호 네 통
같은 전화번호 나열이다
어머니보다 삼십 년 더 계셨던 아버지
식구들 눈치 보기 싫어
지하철에 출근했다가
퇴근시간 맞춰 돌아왔다
요일마다 다른 무료급식소
동전 오백 원 주는 교회를 안다
부재중 전화를 건다
처음 듣는 여인의 목소리
아버지를 찾는다
"저는 아들입니다
  아버지는 어젯밤 돌아가셨습니다"

침묵이 전화를 끊는다
혼잡한 지하철이 비어있다
아버지 핸드폰을 닫는다

밥

비 그친 보도블록 사이
작은 모래더미 소복하다
지렁이 죽은 자리에 개미집을 지었다
밥이 떨어지면 개미는 떠난다

꽃 따라
꿀 따러 떠나듯
밥 없는 사람들 밥줄 따라 집을 떠난다
집보다 밥이다

달빛에 빠지다

남쪽고원 달랏 야시장
쑤엉흐엉호수 산책 인파가 뒤엉켜
발 딛을 틈 없는 도로가 대낮 같다
옷가게 늘어선 천막 사이
수레에 실린 머리핀 액세서리가
전등 아래 반짝인다
설 연휴 마지막 날
엄마손 잡은 딸아이 눈이 빛난다
마이크 매단 유모차 수레가 움직일 때
아이 손을 더 꽉 잡는 엄마
노래는 소음 속에 사라지고
엄마 눈이 된 아이 손이 손님을 끈다
떨어질 수 없는 모녀
전등 불빛에 희미한 달빛이
숨을 곳을 찾는다

구렁이에 감기다

캠핑하던 장유대청계곡
홀로 새벽 오솔길 따라가니
용지봉 가는 능선길이다
바람이 밝을 때
거미줄 흔드는 소리 들릴 듯 숲속은 조용하다
조화 꽂힌 무덤이 검푸르다
처음 걷는 낯선 길
저승도 혼자 가는데
돌아가기엔 너무 가깝다
창원 시가지 보이는 산정이 목표다
새벽노을 번지는 바위길
능구렁이가 내려다보고 있다
분명 팔뚝 굵기만 한 뱀이다
눈이 마주치는 순간 뒤돌아 발자국 없이 뛰었다
직진만 하는 뱀을 떨쳐내 샛길로 빠지니
장유사다
새벽 볕 주인은 따로 있다
산신령 몰래 맛본 새벽빛
구렁이한테 빼앗긴다

당산나무

열네 살이 집으로 가는 길
느티나무가 길목을 지킨다
잎이 떨어져 가지만 남았지만
옛 모습이 그대로다
오가리 나무 밑을 지날 때마다
열네 살 풍경이 새롭다
단오端午 때 굵은 밧줄을 매어
그네를 탔던 소녀들 희미하다
고목 구멍에 손 넣어 콩새를 잡던 가지는
부러지고 없다
뿌연 먼지를 몰고 달리던 신작로에
이파리 반짝이던 미루나무도 떠났다
떠나올 때 배웅하던 어머니
내가 돌아올 때 신작로에 버스가 서면
느티나무에서 기다리다
내리는 사람들 중에서 나를 찾았다
900년 당산나무 홀로 하늘을 지킨다

철길 옆 카페

창밖 기차소리 강을 깨운다
비에 젖은 갈대가 눈을 뜬다
철길 너머 낙동강이 더디 흐르고
자전거 길 따라 황산공원이 누워있다
구포 지나 삼랑진에 정차했던 무궁화호
물금역에도 선다
화물열차가 지나갈 때면
몇 칸인지 숫자를 헤아린다
빗방울이 유리창에 사선을 긋고
빈 나무의자 옆에 선 꽃양귀비 옷자락이 젖는다
강물이 흘러
귀향하던 내가 물금역을 지날 때 설레던 풍경을
맞은 편에서 바라본다
바쁘게 흘러가는 기차엔 누가 타고 있을까

소금 빵 앞에 놓인 커피
드메르카페* 창이 졸고 있다

*드메르 카페: 호포 낙동강변에 있는 카페

물길

가파른 좌천동 골목
좁은 길 따라 물이 간다
머리를 흔들며 길을 찾는 구렁이다
수월해 보여도 엎드리면 굴곡이 심하다
힘들게 비탈길 올라섰는데
쏜살같이 내려가는 물길 따라
다시 내려간다
돌에 막히면 돌아가고
움푹 파인 웅덩이는 채우며 머문다
좁을 때는 빠르게
넓어지면 가는 속도가 느리다
경사 끝나 평지를 만나니 제자리걸음이다
홀로 내려온 내 물길이
다른 물길과 섞여
더 큰물 속으로 들어간다

자두 열리는 때

빨간 단맛이 깊어가는 자두를 본다
전원을 지켜온 자두나무
어김없이 열매는 열렸는데
자두를 좋아하는 장인어른은
침대에 누워있다
한때는 가지가 부러질 만큼 열렸지만
이제 고목이 된 나무
주인 잃은 나무가 되어 성글다
오래 못살 것 같아 곁에다 묘목을 키운다
"자두 따러 또 올수 있을까" 하더니
못 온 지 칠 년이 넘었다
보행 보조기 없이 거동을 못해
침대부터 문틀 거실 벽 화장실까지 온통
손잡이를 달아 놓았다 움직일 때마다
손 놓치지 않으려는 팔이 춤을 춘다
기다리는 사람 없는 자두나무 아래
빨간 접시꽃이 피었다
흰나비 한 마리
접시꽃 찾아 춤을 춘다

제 *3* 부

낙타인형

발굽이 깨질 때까지
언덕 넘어 멀리도 왔다
신혼 셋방을 지키던 쌍봉낙타
이사 때마다 끈을 놓지 않고 사십 년을 데려왔다
낙타는 재물 운이 있다지만
먼 길 무던하게 장식장을 지켜온 게 대견하다
둥근 안장을 등에 얹고
양쪽에 파란 물통을 달았다
금테 줄을 매고 빨간 발굽으로 사막을 걷는다
홀로 모래언덕을 넘어온 늙은 낙타
도시에서 목이 마르다
눈물까지 메말랐지만
노을을 보며 다시 새벽을 기다린다

보이지 않는 강

문밖이 검은 색종이다
귀 멀고 시력 잃은 22세 말티즈 반려견
목줄 매인 채 농기구창고에서 홀로 운다
줄을 풀어놔도 제자리만 맴 돌뿐
치매로 방향감각도 없다
들짐승 들락거리는 밤
맨바닥에 홀로 울어도 두려움이 없다
주인 품에 안겨 재롱떨던 날은 꿈속
잊은 지 오래다
먹물 빛 강물에 휩쓸려
어디로 가는지 모를 강줄기
내가 따라 간다
귀천할 날만 기다리던 반려견
비바람 몰아치는 밤에
기어이 강을 혼자 건넜다
바닥에 뒹구는 빈 밥그릇
흔적 지우는 그림자가
반려견 따라가고 있다

잎이 떨어질 때

밤새 비바람 몰아치더니
은행잎이 보도를 노랗게 덮었다
손부채만한 플라타너스 잎이
내 앞에 날아와 떨어진다
끝이 보이지 않던 무더위 속에서
잎은 묵묵히 가을을 기다렸다
곱게 물든 잎은 질 때를 알고 있지만
때를 놓친 플라타너스 잎
서리를 맞아 푸른 잎이 마른 채
여태 가지를 붙들고 있다
하룻밤 새 훌훌 털어버린 몸
가는 길이 얼마나 가뿐할까
잎 떨어진 자리
빈자리마다 잎눈이 새로 생겼다
봄을 기다리며

외박

무지개가 집을 나갔다
술을 마시고 함께 들어왔는데
잠결에 손을 뻗으니 잡히지 않는다
분신 같은 네 일곱 색
어느 강물에 발을 디뎠을까
다리 없는 하루는 건널 수 없는 강
혹시나 전화를 걸지만
신호음은 가는 데 받지 않는다
텃밭을 가꾸다가
해질녘에 너를 만져본 적이 있다
부재중 메시지 가득하다
어쩌다 내 눈이 네 일곱 색에 매였나
강물이 다 말라야
이별이 올 거 같다
수 없이 걸려온 전화를 외면하고
통도사 버스종점에서 자고 들어온 너
꿈속에서 무지개가 뜬
네 얼굴이 소중한 날이다

제자리에 있는지
호주머니 만져보는 습관이 생겼다

달빛 공원에서

아카시아 꽃잎 사이로 달이 뜬다
산들공원*이 환하다
송홧가루 치장한 어린이놀이터가
물소리를 듣는다
지난해 마을종 뽑을 땐
꿀 따라 아카시아꽃 찾던 벌떼가
귓속을 울렸는데
공원 위 양봉 농원이 침묵 속이다
벌들이 어디로 갔을까

꽃 축제 열리던 통도사 서운암
차창 유리를 노랗게 뒤덮던
송홧가루가 올해는 날개가 없다
떠난 소나무 자리 무엇이 올까
달빛 어린 아카시아꽃 아래
대답 없는
하얀 봄밤이 걸어간다

*산들공원 : 경남 양산시 동면 사송리 신도시 공원

쥐불놀이

구멍 뚫은 빈 깡통에 어둠 밝히는 불을 피운다
망우리*를 돌릴 때마다 불길이 번진다
정월 보름달이 뜰 무렵
휙휙 돌아가는 불덩이가 시뻘건 혀를 빼물고
불붙은 관솔, 때를 기다렸나
송진 내 뿜으며 불티를 쏟아낸다
마지막 남은 뼈를 태운다

망우리가 밤하늘에 던져지고
포물선 불꽃이 유성우가 되어 난다
논바닥에 떨어져 쥐를 잡고
그을음 새까만 콧구멍
불티에 구멍 난 옷을 입은 채
몰래 잠 들었던 밤
그날 옷을 알고 있는 보름달이
중천에서 부끄럽게 웃고 있다
별똥별은 껐는데

*망우리 : 정월 대보름 밤에 줄에 불을 달고 빙빙 돌리던 쥐불놀이 기구

이별 시간

"포옹 제한시간, 3분입니다"
뉴질랜드 더니든 국제공항
하차구간 차량정체로 작별 시간을 제한한다
작별이 얼마나 길었으면 그랬을까

황산공원 벚꽃이 봄을 터뜨린다
사월 첫 주가 절정이라는데
꽃 핀지 사흘 만에
바람이 꽃잎을 떨어뜨린다
아침에 펴서 봄비를 만나 저녁에 진다
짧은 순간 이별에
일 년을 지나야 다시 볼 수 있다

짧은 만남 긴 이별 속에
귓불 뜨거운
봄비 포옹이 나른하다

반창고 마라톤

마라톤이 다리 위를 달린다
가을비에 젖은 땀이 가슴에 질척하다
바닷바람이 말린다
바다 위에서 바라보는 광안리 해변
광안대교를 쳐다보던 횟집에
내가 앉아있다
되돌아오는 다리 위
체력은 끝나 가는데 발끝만 보고 뛴다
무엇을 위해 뛰는지
왜 이 고생을 하지?
포기하고 싶지만 달려온 길이 너무 멀다
3키로 빠진 무거운 몸으로
하프 완주 메달을 목에 건다
배 번호표와 기념티셔츠가 벌겋다
젖은 옷이 젖꼭지를 쓸어
피 얼룩이다
유두에 반창고 붙이는 이유를 안 날

피에 젖은 광안대교가 흔들린다

쇠죽 끓는 아침

되새김하는 소 입김이 뿌옇다
빛이 오지 않은 새벽 아버지가 쇠죽을 끓인다

식었던 사랑방 구들이 뜨뜻해 질 때 봉창은 밝아오고
가마솥이 향기품은 김을 내 뿜는다

솥뚜껑 열어 풀 죽은 쇠죽을 뒤엎는다
누런 풀물향기가 문틈으로 들어온다

무쇠뚜껑 여닫는 소리가 감나무를 깨우고
아궁이 숯불덩이가 아버지 등을 녹인다

쇠죽 김 향기 반기던
암소 눈망울을 잊을 수 없다

새벽을 깨우던 아버지 기침소리
내가 내고 있다

연락처를 삭제하며

벼랑 끝이 어딘지 모르고
올라간 억산
딱발재 가는 길이 절벽이다
한겨울 뜨거운 국물이 있어야 한다고
눈 위에서 라면을 끓이던 고교친구
끝없이 오르기만 하더니
뇌출혈로 쓰러졌다

정년퇴직 후
용역회사 지사장 하다가
폐암 진단받고 코로나 고비를 넘지 못했다
빈 의자만 남겨둔 채
날개가 벼랑으로 떨어진다

통화 없는 휴대폰
연락처는 지웠지만
추모공원에 오열하던 마지막
그의 아내 눈빛은 지울 수 없다

오랜 비 끝나고

칠월 마지막 날
첫차 타고 통도사에 간다
청량한 참매미 울음
무풍한송로 소나무를 깨운다

소나무는 이전부터 깨어 있었다

고추밭

더위 먹고 몸이 익는 초록
사흘마다 비닐 비료포대에 담는다
땡볕에 잎이 늘어져 숨죽여도
달고 있는 초록은 노을이 된다
밭둑을 차지한 칡넝쿨이
자주색 꽃을 피웠다
고추 따는 날이면 식구들이
어쩔 수 없이 한 고랑씩 맡았다
고춧대 그늘에 땀을 쏟으며
앞으로 나갈 때마다
열 받은 내 몸은 설익은 풋고추를
더 많이 떨궜다
철 없던 때
가족 생계를 이어온 넓은 고추밭
이제 두 고랑 텃밭으로 줄었다
더위 먹은 붉은 고추를
칡꽃이 내다본다

강원랜드에서

정선카지노 산이 불빛속이다
십 만원 잃으면 나오기로 하고 입장한다
딜러 앞에서 카드를 받는 사람
코인 칩을 손에 쥐고 쪼그려 앉은 할머니
배팅하는 얼굴이 검다
넓은 장내를 돌아 슬롯머신 앞에 앉는다
잃다가 따기를 반복한 두 시간
밑천이 바닥이다
두 대를 독차지한 옆 사람
얼마나 많이 했는지 손동작이 능란하다
잠시도 화면에서 눈 떼지 못한다
내 화면이 갑자기 깜빡거리더니
짜르르 돈 떨어지는 소리
행운으로 본전은 건졌지만
돌아갈 곳 없는
목욕탕에 홀로 남겨진 아이가 운다
아버지가 대박을 꿈꾸는
불빛이 점령한 사북 탄광
어두운 동굴 속이다

어디서 날아오를지 모를 접시
숨죽여 사격을 한다
낯선 일탈이 산산조각 난다

창밖을 본다

천 기저귀 널린 집은 신혼부부가 있다
그땐 아기부터 낳았다
겨울에도 기저귀는 쌓이고
새댁은 빨래를 널지만
순식간에 얼음장이 된다
바지랑대 세워 말린 흰 빨래
바람에 날리는 기저귀가 보송보송하다

맞벌이하는 세대
할머니 되는 게 자랑거리다
삼현서실 할머니
손자와 노는 이야기에 신이 났다
늦은 나이에 결혼한 자식
아이 낳을 기미가 안 보이는 할아버지가
말없이 창밖을 본다
머리에 서리가 쌓여도
할아버지라 불러줄 손주가 없다
떨어지지 못한 낙엽이 겨울바람에 운다

왕대추나무

엄나무에 산까치가 집을 지었다
잎이 무성해 잘 보이지 않는
그 옆에 선 왕대추나무
작년까지 한 소쿠리 땄는데
푸른빛을 잃고 않는다
환삼넝쿨까지 올라탔다
뿌리가 죽어가는 줄도 모르고
하늘만 보며 걸어온 대추나무
터전을 잃었다
겉보기에 멀쩡했지만
엄나무 가지 틈에서 버티다
모든 잎을 버리고 무너진 것이다
왜 몰랐을까
잠식당하는 실뿌리 상처
산까치들 쉬어가는 왕대추나무가
잎이 마른 채
빈손을 하늘로 뻗는다

보라에 물들다

보라색은 오천 원
보라색 티셔츠가 입장권이다
보라색 소품을 지니면 입장이다

선착장부터 다리난간, 공중화장실까지
보라색 신안 퍼플 섬
모자부터 옷 운동화까지 보라색 치장을 한 여자
박지도 가는 퍼플교를 앞서 걷는다
바다 위를 걷는 그녀가 멀어지더니
뒷모습이 보라색에 숨었다
사라진 그녀
라벤더 언덕에 가면 찾을 수 있을까

초록 풀 속에 핀 청도라지 꽃이 좋아
뒤뜰에 화초처럼 심어놓은 내가
바다위에서 보라에 묻힌다
반월도에서 박지도로 한 바퀴 도는 퍼플 섬
다시 가면 환상 속으로 사라진
보랏빛 원피스 그녀를 만날 수 있을까

통도사 제비

바람을 가르고 나는 제비떼
찰나에 관음전과 대웅전 사이를 지나간다
물찬 몸매로 허공을 가르며
독경 속 깨달음을 깨운다
6,25전쟁 육군야전병원 때 남겨진 낙서
대광명전에 상처로 남았다
부상병 삼천 명이 머물던 임시병동
모두 떠나갔지만
부처님 자비를 잊지 못해 제비로 환생을 해 왔나
대웅전에 집을 짓고 법문을 듣는다
금강계단 현판 뒤에 자리 잡은 제비
불경을 통달했는지 눈 감은 채 미동도 없다
우란분절 법문 듣는 산사의 전우들이여
그대들 상처가 빛이었음을 본다

절정에서 뽑히다

해바라기 한 그루
비바람이 고추밭에 쓰러뜨렸다
키가 10척尺이다
몸은 어른 팔목보다 굵어
꽃 망우리도 크다
여름 내 해만 따라다니다
꽃 지고 나서야 고개를 숙였다
씨알이 차 무거워진 머리
뿌리가 뽑혔다
홀로서는 법을 몰랐을까
젊은 시절 해만 쳐다보며
키만 세운 해바라기
밑에 깔린 고추는
절정에서 날벼락을 맞았다

제 *4* 부

손목 단추를 잠그며

와이셔츠 단추를 잠그는데 법이 있다
왼 손목은 오른손
오른 손목은 왼손이 한다
한 손이 아플 때
잠그지 못하는 와이셔츠 단추
성한 오른손
왼손이 고맙다
함께 흘러온
갑년 지난 아내가 고맙다

꽃을 버린 꽃대

빗방울 맺힌 정구지 꽃대
잘린 몸으로 비오는 틈에 섰다
꽃망울이 하얀 바람에 떤다
비 그친 아침이 더 푸르다
꽃피면 끝인 줄 알았는데
딸집에 간다며 싹둑 자르는 아내
연한 잎 속에서 꽃대를 골라버린다
남기려 하지 않아도 잘린 흔적
또 내어주고 만다
꽃을 피워야 하는데 갈 길이 멀다
가진 것 다 잘렸지만 뿌리는 살아 있어
하늘 빗물 다시 삼킨다

날지 못하는 새

어둠 남아있는 여명
마을 지나는 길 위에 어린 새가 있다
붙잡으려하니
종종걸음으로 호박넝쿨에 숨는다
가까이 가니
부리를 세우고 달려든다
둥지에서 쫓겨난 새끼
포도나무 밑에 두 마리가 더 있다
들 고양이 발자국 머무는 길
어미 산까치가 전깃줄에 앉아 지켜본다
서쪽 해 그늘 길어지는데
어미 새가 없다
새끼들은 어디로 갔을까
날기 위한 그들만의 둥지

외딴섬

완도를 떠난 배가 30분지나 노화도에 도착한다
통리 해변에서 해수욕을 한다
물위에 청각줄기도 같이 수영한다
송시열 글썬바위에 간다
빈터에 주차하고 숲을 지나니 암벽이다
흐릿한 글자들
세찬 바람 때문일까 두드려 탁본을 떠서일까
소안도와 마주한 암벽아래
풍랑만난 유배길에 내가 섰다

차에 돌아와 시동을 건다
키를 돌려도 먹통이다
보험회사는 서비스 불가지역이란다
외딴섬에서 해결할 길이 막막하다
땡볕에 갇혔다
모두가 지쳐갈 때
인터넷을 뒤지던 아들
주차할 때 핸들락*이 걸렸다고 한다

핸들을 바로 잡으며 키를 몇 번 돌리니
시동이 걸린다
외딴섬 핸들락 보길도에서
핸들브레이크가 가족을 묶는다

*핸들락 : 스티어링 휠이 잠긴 상태(타이어 방향이 틀어진 상태로 시동을 껐을
때 일어나는 현상)

가족 이어달리기

확성기는 새마을 노래로 잠을 깬다
가을 운동회가 열리는 아침
운동장 도는 하얀 선이 선명하다
청군 백군 모자를 쓴 전교생이 한 곳에 모였다
오층 탑 쌓기 꼭대기에 내가 선다
누나는 고전무용
동생은 곤봉체조를 한다
오자미를 던져 대바구니 터트리니
'점심시간'
그늘에 돗자리 깔고 기다리던 어머니가
삶은 계란을 내 놓는다
세 명이 출전하는 가족 이어달리기
누나에 이어 형이 나에게 바통을 넘겨준다
죽을힘을 다해 선두를 지켰다
운동장 하얀 선이 흐트러지고
선생님과 학생 경주로 끝난 운동회
50년 강물이 흘러도
결승선 테이프 끊던 벅찬 순간
마을 자랑거리다

찍새와 딱새

구두 없는 딱새가
집 없는 찍새를 기다린다
25층을 제집 드나들 듯
불쑥 나타나 스캔하는 찍새
구두약 묻은 옷이 헐거워도
모르는 사람이 없다
개성 있는 얼굴에 몸은 여리지만
싱글 싱글 인사는 잘한다
눈만 마주쳐도 닦을 사람을 알아보고
단골은 그냥 구두를 벗겨간다
들어올 땐 손에 슬리퍼 두개뿐인데
구두 여섯 켤레를 들고 간다
비슷하게 닮은 많은 구두
층도 사람도 다른데 약속시간에 맞춰
주인을 찾아오는 게 신기하다
찍새만 알고 있는 비법
흘러온 물이 궁금하지만 이 바닥에서
찍어오는 수단이 밥이다

똥벼락

공중에서 똥이 떨어진다
새똥을 어깨에 맞았다
'하필 나야'
투덜대다가 복권을 사겠지만
북녘에서 오물풍선이 날아온다
탈북민단체가 보낸 돈벼락
답례가 똥벼락이다
인분통을 나르던 중학교 실업시간
장대에 걸어 앞뒤에서 메고
언덕을 오르다 통이 굴렀다
똥을 뒤집어쓴 난
씻어도 오랫동안 냄새가 가시지 않았다
언제 머리에 떨어질지 모르는 오물풍선
누가 맞을지 몰라
발걸음이 무섭다

비파나무

잎가가 노란 비파나무
입춘을 못 넘기고 얼어 죽었다
감나무 묘목을 사러 갔다가
이웃과 함께 산 비파묘목
창녕에서 한 그루 뿌리 내렸다
잎 무성하던 비파나무
겨울 지나니 잎이 없다
추위에 물관 끈을 놓을 때
얼마나 가슴 쓰라렸을까
대마도에서 따 먹던
금색 열매 맛이 헛꿈이 되었다
부산에 뿌리내린 나무
몇 해 겨울을 견디며 잎이 푸르다
비파나무를 볼 때마다
창녕에서 여름 한철
짧게 살다 간 흔적이
가슴에 빈자리로 남았다

태백산 얼음

천제단 가는 들머리
얼음조각상이 시퍼렇다
워낭소리 들리는 소 앞세운 할아버지
승천하는 용 옆에
숭례문을 옮겨다 놓았다
임도 벗어난 좁은 비탈길
밟은 눈 위에 눈이 쌓여 얼음판이다
아이젠 걸치는데
손이 얼어 말을 듣지 않는다
추울수록 날이 서는 태백산 얼음
퍼런 유리조각상이 하늘빛이다
한겨울 태백산 흘러내린 바람은
칼날 얼음에서 나온다

바람, 어깨를 치다

장안산 오르는 눈길
무릉고개 골바람이 얼굴을 깎는다
아이젠 없는 산행대장
여성회원들 한 짝씩 벗어주고
아이젠 없는 발이 미끄럽다
눈 덮인 숙영 흔적 남은 정상
눈 무더기에 동굴을 뚫어 칼바람을 막았다
신발에 칡넝쿨 감은 하산 길
보다 못해
아이젠 한 짝을 산행대장에게 벗어 준다
구름이 모였다 흩어진다
2월 지나는 찬바람이 어깨를 친다

'이봐!
여기 다시 올 수 있을까'
'죽기 전엔 다시 못 올 걸'

눈사람

청계중앙공원 잔디광장에 눈이 쌓인다
여섯 살 손자가 아빠와 만든 눈사람
모자를 씌우며 사진을 찍는다
추운 날씨가 눈덩이에 녹는다
내가 운동장에서 만들던 눈덩이
한번 구를 때마다 두 배로 커져
더 이상 굴릴 수 없는 자리에
날 닮은 눈사람을 세웠다
하루 지나 녹아내릴 눈사람은
눈덩이 굴리는 재미로 태어난다
품 떠난 자식들
키우던 눈덩이 녹은 지 오랜데
손자가 만든 눈사람이 나를 보고 웃는다
눈덩이 굴리듯 키운 슬하들
내 눈사람이다

입김에 서리다

눈길이 절박할 때 입김을 분다
휴대폰 없던 때 서울출장
목적지도 모른 채
혼잡한 틈에 일행이 떨어지고 지하철 문이 닫혔다
안에서 유리창에 '왕' 자를 쓴다
왕십리에서 합류한다

멀어져가는 길의 온도차
차가움이 밖에 있어 차창에 김이 서린다
첫차로 떠나는 나를 배웅하던 어머니
뿌옇게 서린 유리창에 글자를 쓰며
뒷모습을 보았다

밖에서 김 서린 버스차창을 본다
혹시
안에서 나를 보는
그리운 사람 있을 것만 같다

날파리의 강

브레이크타임 끝난 식당
오리불고기 안주하여
소주 두 병 비울 때쯤
뒤쪽에서 오리탕을 먹던 남자
종업원을 부른다
"탕에 날파리가 빠졌어"
밥값 못 내겠다며 나가버린다
단단한 체구에 인상까지 험악해
종업원은 대꾸도 못하다가
식탁을 치우며 투덜댄다
"하필 다 먹어갈 때 파리가 빠졌냐?"
속내가 의심스러운 눈치다

빠져 죽은 날파리도
남자도 가고 없다
날파리와 종업원 사이에
건너지 못할 강이 흐른다

오지 않는 봄

까맣게 타버린 가슴
어쩌란 말인가
눈뜨고 바라볼 수밖에 없는 바람을
숨 한 번에 온산을 태우고
과수원 사과나무까지 태웠다
이산에서 저산으로 날아가는 불
한밤 도깨비불이다

청송이 고향인 그녀
불에 탄 마을에 노부모 집이 없다
어릴 적 뛰놀던 골목
푸르던 뒷산이 불 맞은 전쟁터다
사월에 폭설이 내린다
무너져 쌓인 잿더미 속에
그녀 봄이 묻혔다
화마 지나간 주왕산자락
휘돌아가는 바람이 무섭다
눈물까지 말랐다

신발 밑창

"수선비 없음"
택배 속 쪽지다
밑창이 떨어져 서비스센터에 보낸 등산화
돌아온 택배비가 없다

시간 지나 접착 풀린 밑창
멀쩡해 보이던 신발이
통째 밑이 떨어진다
칡넝쿨 묶어 산을 내려온다
험한 길 같이 걸어온
나의 애인이여

책 보따리 메고 신작로 걷던
밑창 닳은 고무신은
자갈길 걸을 때마다
발바닥이 간지러웠다

황토 길에서 맨발걷기를 한다
굳은살 들어앉은 발바닥

접착 풀려 딱딱하다
수선비 없는 밑창을 수선 중이다

한 배를 타다

병아리 다섯 마리 부화기를 벗어났다
종이박스에서 일주일 보내고
마당 철망 집으로 나왔다
노란 부리와 발이
흙을 휘저으며 먹이를 찾는다
새집 들어간 한 달
바람 불고 비 오는 밤이다
처음 본 산짐승
망망대해에 떠 있는
어두운 닭장을 배회한다
빗소리 바람소리 뿐
아무도 없는 혹독한 밤이다
철망 찢는 소리가 빗소리에 묻힌다
모서리에 모여 힘없이 눈을 감는다
태풍이 지나간 새벽
부서진 배 한척 철망 뜯겨진 집이
정적에 떠 있다

버튼을 누르다

엘리베이터를 탔다 한참 후
내릴 때가 됐는데 문이 열리지 않는다
버튼 누르기를 안 했으니
제자리에 있을 수밖에
지시를 해야 승강기가 움직이듯
내 가져가는 일들도
시작과 정지명령이 분명해야 한다
버튼을 눌러놓고 기다리는 시간
좁지만 높은 수직이다
중간에 타고 내리는 사람
화장을 고치는 여인
운동화 끈 매는 학생
휴대폰 터치하는 내 손가락이 바쁘다
보낼까 말까 망설이던 메시지
버튼을 눌러 버렸다
반응을 기다리는 수신이
엘리베이터 거울을 본다

압력밥솥

"증기 배출을 시작합니다"

내뿜는 소리 힘차다 자식 키울 때부터 쓰던 밥솥
시골집까지 따라왔다 뜨거운 열을 내며 수 없는 밥
그릇을 채웠다

밥이 다 되 뚜껑이 열리지 않는다
압력 추가 내려가 옆으로 눕혀도 그대로다
밥통과 씨름 하다 압력이 빠지고 나서야 열린다

AS센터를 찾았다 부속품이 없단다
어렵게 구할 수 있겠지만 새것으로 바꾸는 게 낫겠
다고 한다
버리지 못해 다시 들고 왔다

뜨거운 밥솥이 열을 낸다
압력 떨어져 추가 멈추고 버튼 몇 번 돌린 끝에 뚜
껑이 열린다

늙어
언제 멈출지 모르지만 밥솥은 아직 뜨겁다
우리는 한 식구다

신문배달

새벽 운동은 집을 깨운다
자취하던 고교시절
잠든 거리에 가로등 불빛이 깨어있다
신문 46부를 옆구리에 끼고
매일 같은 코스로 뛴다
비올 땐 비닐봉지에 넣고
전단광고지 끼우는 날엔
운동시간이 바쁘다
대문 열린 집 들어서는데
송아지만 한 개가 덮친다
얼떨결에 신문뭉치로 막을 때
주인이 나타나지 않았다면 어떻게 됐을지
돌아보면 끔찍하다
허벅지까지 눈 내린 외딴집
아줌마가 내어준 연탄화덕에 눈을 녹인다
마지막 신문을 털고 돌아설 때
홍조 띤 이마가 땀에 젖는다
방과 후 수금한 밀린 신문대금 수수료가
배달비보다 많다

가로등 깨어있는 새벽
잠든 집들을 깨웠다

십 분 만에

살해당했다
조사받고 나와 십 분 만에 피습당한 여자
지구대를 먼저 나간 남자가
시흥동 지하주차장에 숨어있다
여자를 죽인 이유가 경찰에 신고해서였다
어쩌다 연인이 되었을까
어쩌다 틀어졌을까
쏟아지는 빗줄기가 사정없이
아스팔트에 내려 꽂힌다
폭우로 변한 빗물이 무섭게 휩쓸고 지나간다
믿어야 했던 빗방울이 살인마로 변했다
데이트 폭력 공포에 사라진 여자여
다음 세상에 사마귀로 태어나
수컷을 씹어 먹어라 십분 만에

다양한 현실 인식과 낯선 모색

강영환 (시인)

다양한 현실 인식과 낯선 모색

강영환 (시인)

   시는 일상을 비일상화하여 새로운 의미나 낯선 세계
를 독자에게 제공 함으로써 독자로 하여금 낯선 세계
를 경험하게 하여 미적 쾌락이나 삶의 즐거움을 느끼
게 하는 문학예술이다. 일상이 그대로 전달되는 것이
라면 시가 아닌 생활기록이 될 뿐이다. 시가 되기 위
해서는 일상을 변주하여 왜곡하고 짜맞추기를 통하여
새롭게 가공된 현실을 보여 줘야하는 것이다. 있는 그
대로의 현실이라면 구태여 시라고 하여 어렵게 쓸 필
요는 없을 것이다. 시는 현실 모습을 쓰되 그대로 재
현이 아닌 시인 자신의 가치관과 세계관으로 재구성하
여 독자에게 공감대를 얻어가는 것이다. 그러기에 한
편의 시에는 시인의 가치관이 담겨야 하고 독자들은
그 가치관에 공감을 느끼게 되는 것이다. 그래서 시작
은 어렵고 힘든 것이며 시인이라면 마땅히 지녀야 할
시정신이 있게 된다. 시인은 독자에게 자신의 세계 즉

시정신을 전달하는 것이다.

　윤명호 시인은 2015년《전국공무원 문예대전》시 부문에 동상을 수상하였고, 2019년《문학도시》를 통해 등단한 시인이다. 시집으로 첫시집『작은 것들로 가득 찬』, 두번째 시집『악착에 붙다』를 상재하고 열정적으로 활동하는 시인이다. 우선 윤명호 시인이 사물을 바라보는 시선은 정직하다. 인식의 방법도 왜곡하거나 둘러 가는 방식은 용납되지 않는다. 현실 또는 대상과 인식의 거리는 일 대 일의 거리를 견지한다. 그러기에 윤명호 시인의 작품들은 사물 그대로 또는 현실 그대로의 모습에서 한 치 어긋남도 없는 정직함이다. 윤명호 시인의 작품들은 이면성이 없어 쉽게 읽히는 이유이기도 하다. 어떤 시적 장치나 문장의 트릭을 사용하지 않기에 맨얼굴을 대면하고 들려주는 솔직담백한 경험담일 수밖에 없다. 그것은 어쩌면 시를 기름지게 하지 못하는 단순한 표현일 수도 있겠다. 윤명호 시인이 시에 숨기는 의도는 없다. 숨긴다하더라도 서툴러서 쉽게 들키기 때문이다. 소박하고 그래서 숨기는 것이 없다고 말해도 틀린 말이 아니다. 맨얼굴로 다가서는 대신에 윤명호 시인의 작품들의 현실 인식은 다양하다.

　와이셔츠 단추를 잠그는데 법이 있다
　왼 손목은 오른손
　오른 손목은 왼손이 한다

한 손이 아플 때
잠그지 못하는 와이셔츠 단추
성한 오른손
왼손이 고맙다
함께 흘러온
갑년 지난 아내가 고맙다

　　　　　　—「손목 단추를 잠그며」 전문

　이 작품은 지극히 일상적이다. 출근을 위해 양복을 입으며 와이셔츠 단추를 채워가는 모습을 담담하게 그려낸 작품이다. 화자는 우선 와이셔츠 단추를 채우는 법이 있음을 선언한다. 법이란 반드시 지켜야 할 규칙으로 가장 무거운 행동 규제에 속한다. 그 법에 따르면 먼저 왼쪽의 손목 단추를 오른 손으로 채우고 오른쪽은 다시 왼손으로 채운다. 아주 상식적인 접근이다. 그런 작업을 할 때 만약 한 손이 아프다면 단추를 채우는 데는 삐걱일 수밖에 없다. 오른손과 왼손, 각기 다른 쪽은 서로 분리되어 있지만 분리할 수 없는 연관성을 가지고 있다. 그것은 부부와도 같은 상관관계를 가지고 우리네 삶에 작용한다. 시적 화자는 성한 오른손이 고맙게 느낀다. 왜냐면 오른손을 아파본 경험을 가지고 있기 때문이다. 갑년을 함께 오른손처럼 자리를 지켜준 아내가 고맙게 다가오는 것이다. 평범한 일상에서 삶의 소중한 깨달음을 얻게 된다는 이 작품은 윤명호 시인이 일상을 마주하는 태도라고 보면 된다. 시인이 시를 대하는 태도가 그렇게 고답적이지 않고 평범함 속에서 가닿는 따뜻한 깨달음을 동반한다는 것이다.

윤명호 시인의 작품들에서는 일상을 복제한 형상들이라 할 수 있는 작품들이 많다. 시인이 어떤 생활을 하고 있는지 숨김없이 작품을 통해 보여주고 있기 때문이다. 자신의 생활에 대한 정보를 은유나 환유 등으로 숨길 법도 한데 그동안 살아온 삶의 철학대로 정직하게 꾸미지 못한 솔직함을 견지한다. 시적 표현이 허구성과 비유법이 주요 내용임에도 불구하고 윤명호 시인의 시론은 그것과는 거리가 먼 솔직함과 정직한 표현을 기반으로 삼고 있는 것으로 보인다. 그것이 좋은 것이다거나 나쁜 것으로 진단하지 못한다. 누구에게나 시론은 자유롭게 자기 체험에 맞게 선택할 수가 있기 때문이다. 그런 점에서 솔직한 그의 시론은 어쩌면 기교와는 거리가 먼 직선적인 표현에 머무르고 있음을 드러내고 있다. 작품집 어느 시편을 고르더라도 숨김이나 우회하거나 둘러가지 않고 대상과 맞부딪힌다. 독자들로서는 속 시원한 표출인 것이다. 화려한 수사법 없이 할 말을 쏟아놓고 돌아선 거래자처럼 일말의 아쉬움도 남기지 않는 모습에서 시인이 대상을 대하는 태도를 읽을 수가 있다.

더위 먹고 몸이 익는 초록
사흘마다 비닐 비료포대에 담는다
땡볕에 잎이 늘어져 숨죽여도
달고 있는 초록은 노을이 된다
밭둑을 차지한 칡넝쿨이
자주색 꽃을 피웠다
고추 따는 날이면 식구들이
어쩔 수 없이 한 고랑씩 맡았다
고춧대 그늘에 땀을 쏟으며
앞으로 나갈 때마다
열 받은 내 몸은 설익은 풋고추를
더 많이 떨궜다
철 없던 때
가족 생계를 이어온 넓은 고추밭
이제 두 고랑 텃밭으로 줄었다
더위 먹은 붉은 고추를
칡꽃이 내다본다

—「고추밭」 전문

　　화자는 유년 시절의 시인의 모습으로 유추된다. 날
마다 익어가는 고추를 따는 모습이다. 초록색 고춧대
가 더위를 먹고 축 늘어지는 한낮이면 고추는 빨갛게
익어간다. 익어가는 고추를 따서 비료 포대에 담는다.

땡볕에 잎이 축 늘어져 숨죽여도 초록이던 고추가 노을 색으로 물들어 간다. 곁에 밭둑에서는 칡넝쿨이 보라색 꽃을 피운다. 고추 따는 날이면 식구대로 나서서 한 고랑씩 맡아 딴다. 고춧대 그늘에 땀을 쏟아부으며 고추를 따 나갈 때 열 받은 내 몸은 풋고추를 더 많이 땅에 떨군다. 철이 없었던 때였다. 고추밭은 가족의 생계가 걸려 있는 밭이었다. 그러다 넓은 고추 고랑을 두 고랑 텃밭으로 줄였다. 그만큼 힘들고 고된 노동이 부담스러웠기 때문이다. 풀 죽은 고춧대에 매달린 붉은 고추를 생기 출렁이는 칡꽃이 측은한 듯 바라보고 있다는 진술은 가족들의 고된 노동을 바라보는 화자의 안쓰러움이 묻어나는 표현이다. 윤명호 시인이 형상화해내는 고추밭은 어릴 적 온 가족의 일터였고 가족의 경제를 책임져주는 삶의 근거였다. 시인의 유년은 고추밭으로 통하고 고추밭은 아버지이며 든든한 뒷배였다.

고추밖에 없다
주말마다 건조실에 들어가 눈물을 흘렸다
억장이 무너진 아버지
말없이 연탄불에 눈물만 쏟았다
부산으로 첫 발령을 받았을 때도
손에 쥐어 주셨던 삼십 만원
강물이 흘러도

눈물 젖은 고추값을
무엇으로도 환산할 수 없다

　　　　　　　　　　　　—「눈물 고추」 뒷부분

　이 시의 앞부분은 친구들과 텐트를 빌려 숲속으로
캠핑을 갔다가 텐트를 도둑 맞고 말았다. 텐트값을 변
상해야 하는데 할당된 값으로 30만원이라는 거금을 알
고 고민 끝에 해결할 방법은 아버지가 농사짓는 고추
값 밖에 나올 구멍이 없다는 것을 알고는 아버지 일을
도우면서 감사함과 아버지의 낭패감에 흘리는 눈물을
그려낸 작품이다. 고추밖에 없다는 절망감은 매운 고
추를 말리는 건조실에 들어가 아버지가 낭패감에 흘리
시는 눈물을 목격해야 했다. 아버지는 또한 화자가 부
산으로 발령을 받아서 떠날 때도 고추를 따서 만든 삼
십만 원을 손에 쥐어 주셨다. 이렇듯 고추값은 아버지
의 깊이 모를 사랑이었으며 화자는 그 고마움을 갚을
생각을 하지만 그때의 고추값을 지금으로는 환산할 수
가 없고 또한 갚을 길이 막막하기만 하다는 내용이다.
독자는 위 두 작품에서 고추밭이 시인에게 끼친 영향
력이 지대함을 느낄 수 있으리라. 현재의 자아를 있게
한 지울 수 없는 인생의 가장 큰 영향력을 지닌 대상
이며 함께하던 가족 공동체의 울타리였던 것이다. 위
두 작품과 함께 윤명호 시인의 서정적 감수성의 바탕

이 된 과거 지향적인 작품으로는 「겨울 숲」, 「광석제」, 「나비 포옹」, 「울음소리 깊은 밤」, 「어머니 장독대를 그리다」, 「괴산 휴게소」, 「버려진 감나무」, 「살구나무가 아프다」, 「입이 돌아가다」, 「간드레」, 「오월 보리밥」, 「아버지 핸드폰」, 「구렁이에 감기다」, 「당산나무」, 「자두 열리는 때」, 「낙타 인형」, 「쥐불놀이」, 「쇠죽 끓는 아침」, 「입김에 서리다」, 「신문배달」 등이다. 이들은 주로 가족들 이야기이거나 자신의 어린 시절로 꾸며진 작품들이다.

바람을 가르고 나는 제비떼
찰나에 관음전과 대웅전 사이를 지나간다
물찬 몸매로 허공을 가르며
독경 속 깨달음을 깨운다
6.25전쟁 육군야전병원 때 남겨진 낙서
대광명전에 상처로 남았다
부상병 삼천 명이 머물던 임시병동
모두 떠나갔지만
부처님 자비를 잊지 못해 제비로 환생을 해 왔나
대웅전에 집을 짓고 법문을 듣는다
금강계단 현판 뒤에 자리 잡은 제비
불경을 통달했는지 눈 감은 채 미동도 없다
우란분절 법문 듣는 산사의 전우들이여
그대들 상처가 빛이었음을 본다

—「통도사 제비」 전문

과거를 쓴 작품들 중에 이단이다. 위 작품은 개인적 사변이 아닌 좀 더 보편적이고 인류애적인 감성을 담고 있는 작품이다. 1950년 한국전쟁 때 범어사는 한때 국군야전병원이었던 때가 있었다. 이 작품은 그때를 배경으로 한다. 범어사에 갔을 때 제비떼가 법당을 누비며 날고 있는 것을 본다. 그 제비들은 법당 구조에 아주 익숙하여 허공을 가르며 독경 속에 숨은 깨달음을 깨운다. 그 깨달음은 다름 아닌 6.25 전쟁 때 육군 야전병원이었던 때 남겨진 낙서를 깨운 것이다. 그 낙서는 대명광전에 상처로 남았다. 부상병동이었던 법당에 머물던 3천명의 부상병들이 다 떠나갔지만 법당을 날고 있는 제비는 부처님 자비로 치유한 어떤 병사가 부처님 가피를 잊지 못해 환생하여 돌아왔다는 것이다. 제비는 대웅전에 집을 짓고 법문을 듣는다. 그곳은 바로 금강계단 현판 뒤에 자리 잡은 집이다. 불경에 통달했는지 눈을 감고 미동도 않는다. 그리고 제비는 말한다. 우란분절 법문 듣는 산사를 거쳐 간 전우야 그대들 상처가 나라를 찾은 빛이었음을 본다는 것이다. 우란분절은 음력 7월 보름을 말하고 그날은 죽은 조상들의 극락왕생을 비는 재를 올리는 날이다. 불교 윤회사상과 인연법과 연결 지은 차원 높은 정신의 경지를 보여 주는 작품이다.

윤명호 시인의 현실 인식의 작품들에는 주목할 만한 작품들이 많다. 우선 해외 이주 노동자의 언어 소통과 차별에 대한 문제를 풀어내는 작품이 눈에 띈다. 이주 노동자의 삶에도 관심을 갖는다. 단순히 이주 노동자의 생활문제를 보여 주기보다는 외국인 노동자의 한 인간으로서 겪어야 하는 불합리와 차별에 깊이 의견을 내고 있다. 이는 시인이라면 당연히 가져야 할 시 정신이겠지만 작품 속에다 구현해 보여 준다는 건 애린의 마음이 없다면 할 수 없는 일이다. 자연 친화적인 세계관을 가졌기에 가능한 일이라 생각된다.

새벽 일터에 온 아브로니(32세)와 일행
여덟 시부터 마늘 선별작업을 한다
얼굴을 감쌌지만 온 몸에 흙먼지를 뒤집어 쓴다
새참 때 한 명이 국수를 못 먹어
빵 먹을 때까지는 서로 웃음을 나눈다
여인들 일손이 떨어지지 않게
선별기에 마늘을 채워야 하지만 손이 맞지 않는다
주인이 작업 방법을 알려줘도
자기들 방식대로 고집을 세우고
화가 난 농장주
일 그만하고 집에 가라며 고함을 친다
뭐라고 대꾸해 보지만 언어는 막혀버리고
결국 일손이 떨어진다

봉고차를 타고 와 막상 가려니 차도 없다
먼지를 털며 마을길 나가는 뒷모습
일당도 없이 버스를 타고 집에 가야한다
이국에서 설음 겪는 아브로니
몸은 한국에 왔지만
쫓겨난 언어가 국경을 흔든다

—「쫓겨난 언어」 전문

이주 노동자인 아브로니는 그의 동료들과 새벽에 일
터로 나왔다. 그들이 하는 일은 마늘 선별작업에 동원
된 것이다. 얼굴은 감싸고 있지만 흙 묻은 마늘을 선
별하는 작업에 흙먼지 투성이가 된다. 새참이 되어 국
수가 나왔는데 동료 중 한 명이 국수를 못 먹어서 빵
이 나올 때까지 기다려 주는데 기다리는 동안에 서로
웃음을 나누어 갖는 동료애를 발휘한다. 여인들이 하
는 선별 작업 기계에 마늘이 떨어지지 않게 보급하는
일인데 손이 맞지 않는다. 주인이 일러 주어도 자기들
방식을 고집하여 일에 속도가 나지 않아 농장 주가 화
를 낸다. 그러고는 일 그만하고 돌아가라고 한다. 뭐라
고 대꾸해 보지만 말이 달라 의사소통이 이뤄지지 않
는다. 결국 일손이 떨어지고 집으로 돌아가려니 봉고
차가 없다. 먼지를 털며 마을 길로 도로까지 걸어가서
버스를 탄다. 이국에서 설움을 겪는 아브로니 언어가

달라 의사소통이 되지 않아서 겪는 차별이다. 일터에서 한국어에게 쫓겨난 이국의 언어를 안타까운 심정으로 그려낸 작품이다.

이 밖에도 환경보존의 문제의식을 드러내며 윤명호 시인은 시적 언어를 보낸다.

"어떡하지"
"산란 동선이 끊겼네"

신도시 개발로
도롱뇽서직지가 사라진다
동해남부에 서식하는 고리도롱뇽

물웅덩이에 내려와 알을 낳고
습지로 돌아 가야하지만
둥근 순대모양 알집과 함께
콘크리트 수로에 갇혔다
피부로 숨 쉬는 도롱뇽
비단개구리 사는 찬 습지를 찾는다

"어쩔 수 없네"
"대체서식지에서 같이 살 수밖에"

사송에서

새로 발견된 양산꼬리치레도룡뇽
갈색 바탕에 노란 반점 선명하다
자연에서 하나뿐인 내가 사는 동네
청정 전원이다

—「양산꼬리치레도룡뇽」 전문

신도시 개발로 도룡뇽 서식지가 사라졌다. 대체서식지를 논의하는 가운데 본인이 사는 마을에서 양산꼬리치레도룡뇽이 살고 있음을 발견한다. 환경 피괴가 가져다주는 현실이 안타깝기도 하고 점차 사라져 가는 청정 지역들에서 쫓겨나는 생물들의 서식지에 대한 안쓰러움과 그 보존의 중요성을 보여 주는 작품이다. 환경 파괴 문제는 환경운동가뿐만 아니라 모든 인류가 함께 나서서 해결해야 할 과제다. 도룡뇽이 살 수 없다면 인간도 그곳에서는 살 수가 없기 때문이다. 그래서 윤명호 시인도 화자를 통해서 '자연에서 하나 뿐인 내가 사는 동네'라고 선언하게 한다. 이렇듯 현실 문제에 적극적으로 발언하는 것은 시인으로서 바람직한 모습이다. 그것이 정치적인 형태로 읽히지 않는 범위 내에서 발언해야 함은 시인의 자제력이 될 것이다. 이 밖에도 「오지 않는 봄」에서는 2025년 봄 영남지역의 산불에 대한 경각심을 말하고 「무화과」에서는 2024년 우리나라 미증유의 의료대란에 대한 비판을 가하는 작품을 써내기도 한다. 사회에 대한 모순을 지적하는 작품으로「십 분 만에」란 작품이 있다. 파출소에서 훈계 방면된 지 십분 만에 헤어진 애인을 경찰에 고발했다는 이유로 무참하게 살해한 남성을 발굴해 보여 주기도 한다. 이렇듯 현실 인식에서는 좀 더 적극적인 응답을 보여 준다. 시인으로서 내가 사는 오늘의 현실을 드러내 보여주는 태도는 당연한 시 정신의 발로인 것이다. 이런 모습은 더 자주 끈질기게 이어져야 함이 시인의 본분임을 자각해야 한다. 시인은 언제나 '지금-여기'의 문제를 시로 쓰는 일이다.

숨어있던 어깨 통증이 몰려온다
의자를 들다 왼쪽 어깨가 뜨끔했다
언제나 같이하던 의자
내 몸을 받아주던 동행이
흔들리는 그가 나를 외면한다
오래 앉아 있으니 허리가 아프다
바닥이 편하다
식당에 들어서면 의자보다
평상 자리가 눈에 먼저 들어온다
나는 의자를 외면한다
함께 흘러온 강물에 지쳤나
의자 때문에
내 어깨가 흔들린다

숨어있는 어깨 통증은 무엇인가. 그동안의 많은 노동이 낳은 아픔일 것이다. 통증이 한꺼번에 몰려온다. 아픔으로 느낄 정도이면 많은 아픔이 누적되어왔을 것이다. 직접적인 원인은 의자를 들다 어깨가 뜨끔 했던 것이다. 의자는 나의 존재를 상징하는 도구다. 그리고 의자는 그동안 나와 같이해온 것이다. 그런데 그 의자가 나를 외면하고 나에게 통증을 유발 시킨다. 의자에도 오래 앉아 있으면 허리가 아프다. 그래서 바닥이 편하고 식당에 들어가면 의자보다 평상을 찾는 일이 앞선다. 의자가 나를 먼저 외면해서 나도 의자를 버리기로 마음먹는다. 함께 흘러온 세월에 서로가 지쳤을까 서로를 사랑하던 마음이 돌아섰을까. 그 의자 때문에 내 어깨가 흔들린다. 이 시는 존재 인식에 관한 성찰을 보여 주는 작품이다. 시는 비유법이기에 이 시도 비유법을 통해 존재의 아픔과 고통을 풀어내고 있는 모습을 보인다. 인식의 다양성을 보여 준다.

무지개가 집을 나갔다
술을 마시고 함께 들어왔는데
잠결에 손을 뻗으니 잡히지 않는다
분신 같은 네 일곱 색
어느 강물에 발을 디뎠을까

다리 없는 하루는 건널 수 없는 강

혹시나 전화를 걸지만

신호음은 가는데 받지 않는다

텃밭을 가꾸다가

해질녘에 너를 만져본 적이 있다

부재중 메시지 가득하다

어쩌다 내 눈이 네 일곱 색에 매였나

강물이 다 말라야 이별이 올 거 같다

수 없이 걸려온 전화를 외면하고

통도사 버스 종점에서 자고 들어온 너

꿈속에서 무지개가 뜬

네 얼굴이 소중한 날이다

제자리에 있는지

호주머니 만져보는 습관이 생겼다

—「외박」 전문

무지개는 이상향이나 꿈을 상징하는 현상이다. 화자
는 늘 곁에 붙어 있던 무지개가 집을 나갔다고 말한
다. 곁에 있어야 할 무지개가 없어진 것이다. 함께 술
을 마시고 집에 함께 왔는데 잠결에 손을 뻗으니 잡히
지 않는다. 나의 분신같은 무지개가 가진 일곱색이다.
그 무지개가 강물에 발을 디뎠을까? 다리 없는 하루가
건널 수 없는 강에 빠진 것은 아닐까. 네게 전화를 걸

어 보지만 신호는 가는데 받질 않는다. 한때 텃밭을 가꾸다 해질녘에 무지개를 만져본 기억이 있다. 그만큼 무지개는 가까이에 있었다. 내게 부재중 메시지가 가득 남았다. 네가 보낸 것이다. 어찌하다 내 눈은 일곱 색깔에 매이게 되었을까. 네 다리가 가닿은 강물이기에 강물이 다 말라야 이별이 올 거 같다. 수없이 걸려온 전화를 외면하고 통도사 버스 종점에서 자고 들어온 무지개, 꿈속에서 무지개가 뜬 네 얼굴이 소중한 날이다. 네가 제 자리에 있는지 호주머니를 만져보는 습관이 생겼다. 이 작품은 꿈을 쫓는 화자의 몰입된 집착에 대한보고서다. 꿈을 잃어버리면 찾을 수가 없게되고 그 꿈에게 어떤 인격적 유기체를 심어서 나와는 분리될 수 없음을 공표한다. 윤명호 시인에게서 만나는 독특한 구조의 작품이다. 이런 형태의 작품 시도는 바람직해 보인다. 과거 회상적이거나 여행기와 같은 단조로운 작품보다는 인간의 또 다른 사고 작용으로 환상이나 꿈을 찾는 일은 또 다른 세계의 확장이라고 보면 된다. 이는 낯선 세계의 확장이어서 시작에 더 큰 에너지를 가져다주기에 충분한 것이다. 이 부분은 분명 바람직한 새로운 시도로 읽힌다. 세 번째 시집의 상재를 축하드리며 더 낯선 세계를 찾아 헤매어 보기를 권해 드린다.